ES

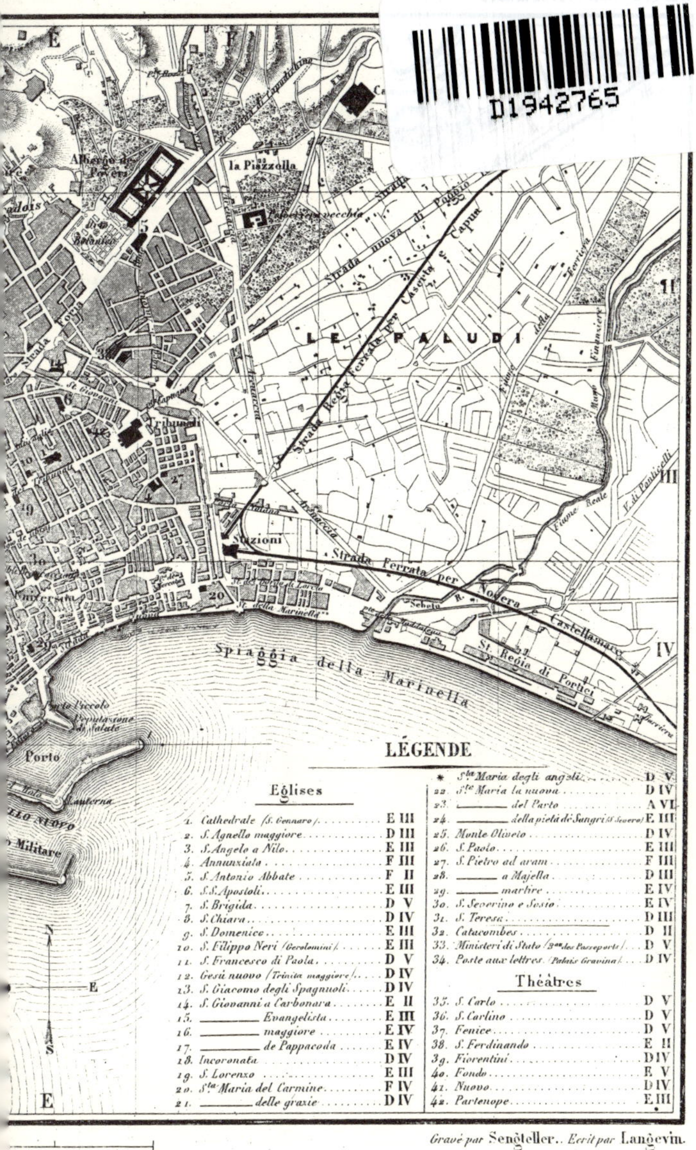

Gravé par Sengteller.. Ecrit par Langevin.

Das Ideal des Kaputten

Alfred Sohn-Rethel

Das Ideal des Kaputten

Verlag Bettina Wassmann

Herausgegeben von Carl Freytag

Inhalt

Eine Verkehrsstockung in der Via Chiaia

Es hatte zwingende topographische Gründe, warum die Via Chiaia[1] in Neapel die Straße mit dem angespanntesten Verkehr war, die Straße mit der größten Empfindlichkeit für Verkehrsstockungen. Sie verlief durch ein enges Tal zwischen zwei Hügeln und es gab deshalb keine Umgehungsstraßen für diesen einzigen Durchgang vom Stadtzentrum, der Piazza del Municipio und der Via Roma, dem »Toledo« vergangener Tage, zum expansiven, als Träger des Fremdenverkehrs gedachten Westteil Neapels mit dem Corso del Mare, der Mergellina und der Piedigrotta bis nach Pozzuoli hinaus. Die Beengung der Chiaia war schon von ihren zu schmalen Bürgersteigen ablesbar.

Und in dieser Straße begab sich die dramatische Verkehrsstockung, von der ich Ende Juni 1926 Zeuge wurde. Die Ursache war ein Eselsgefährt, das man Nordeuropäern und sogar Norditalienern mit einiger Ausführlichkeit beschreiben muß, um es überhaupt als ernstgemeintes Gefährt glaubhaft zu machen. Es bestand aus dem rohen Minimalexemplar einer Kiste, die auf zwei Rädern montiert war und die ein rustikaler Fahrer vollständig ausfüllte. Der war von solcher Korpulenz, daß die Knöpfe seines schwarzen Rocks mit Draht angenäht sein mußten, um alles zusammenhalten zu können. Seine Arme standen vor Beleibtheit fast waagerecht vom Körper ab. In der rechten Hand hielt er eine freilich so unzulängliche Peitsche, daß sie nicht zu ernsthaftem Gebrauch gemeint schien und den Esel nur geringfügig bedrohte. Der Fahrer war in seinem Kasten derart zwingend eingeklemmt, daß ein Aussteigen daraus unmöglich schien und am Ziel der Fahrt nur Auskippen hätte helfen können, ihn von seinem Gefährt zu trennen.

Vor die »Carrozza« war die Zwerggestalt eines Eselchens gespannt, wie es sich als Kinderspielzeug besonderer Beliebtheit erfreute. Hellgrau in der Farbe war es ebenso dickbäuchig wie klein, an Größe einen Bernhardiner nur um zwei oder drei Handbreit überragend, auf kurzen stämmigen Beinen stehend, mit dichtem wolligen Fell bedeckt und nicht umsonst mit einem ungeheuer übertrieben dicken Kopf versehen – sozusagen als Symbolfigur des Eigensinns, wenn im Widerstand gegen seinen Besitzer. Ein Anblick zum Verlieben, von dem ich mich gar nicht trennen konnte.

Und dieser Esel stand, er stand stockstill, so definitiv und so allseitig, wie ein eigensinniger Esel nur stillstehen konnte. Er weigerte sich offensichtlich, auch nur einen weiteren Schritt zu tun, trotz riesiger Gestikulationen und Flüche und trotz der drohenden Peitsche, die sein Herr über ihm schwang. Freilich hätte ich kaum geglaubt, daß der übrige Verkehr an diesem Minimalgefährt hätte hängenbleiben können. Aber das erwies sich als Irrtum und in wenigen Minuten war ein unsortierbares und unentwirrbares Knäuel von

Fahrzeugen an diesem Punkt der Chiaia entstanden. Der Verkehr stockte so vollständig still, daß er sich bereits in der Siedehitze befand, in die er in einer an Vesuvausbrüche[2] gewohnten Stadt geraten mußte. Das Dröhnen der vereinten Autohupen wurde noch durch das hysterische Türenschlagen zur Überhöhung gebracht. Der Stockungsursprung wurde von einer wachsenden Menschenmenge umringt und fast hätte man sagen können, der Verkehr stockte mit Genuß.

Aber so vielseitig die Erzeugung dieses Getöses die betroffenen Fahrer auch zu beschäftigen schien, so bewiesen sie doch in bemerkenswerter Zahl und in bemerkenswerter Weise ihr Interesse an dem störrischen »Somarello«[3], der die Schuld an der ganzen Aufregung trug. Trotz der fieberhaften Krise blieben die Leute mit dem Eselchen verknüpft und kamen aus ihren Wagen über die Straße mit Händen voll Heu, Petersilie, Brennesseln und sogar Blumen, die sie dem Tier an Mund und Nase brachten und so eine intime Kenntnis von dessen Ernährung und kompetenter Betreuung bewiesen. Es war, als ob sie das Grünzeug in ihren Autos gezogen hätten. Auf den »Ciuccio«[4] selbst schienen all diese Attraktionen und Luxuren ohne Wirkung zu bleiben. Er bewegte sich keinen Schritt vor oder zurück, aber die Bemühungen der Neapolitaner illustrierten, daß sie von ihrer früheren ländlichen Existenz natürlich distanziert, aber deswegen noch längst nicht vollständig verstädtert waren, sondern in ihrer Stadt wie in einem riesigen Dorf zusammenlebten – wenigstens noch in den zwanziger Jahren.

Der agrarische Untergrund der Stadt drückte sich auch in der ungewöhnlichen Tierhaltung aus. Ich wollte einmal jemanden in der Universität von Neapel aufsuchen, die eine der ältesten Italiens ist. Ich stieg also in das Philosophische Seminar hinauf. Die Türen waren alle offen, aber es war niemand zu finden. Ich rief, aber es kam keine Antwort. Ich ging von Raum zu Raum, das einzige Geräusch war schließlich Hühnergegacker. Ich ging dem nach und fand in einem Papierkorb ein Huhn leben. Ich ging weiter und fand dasselbe in anderen Papierkörben und mußte wirklich bewundern, wie geeignet diese Papierkörbe als Behausung für Hühner waren. Oder die Ziegen! Sie spielten eine große Rolle, um die Kassen in den Läden zu bewachen, während die Inhaber sich mittags zum Essen begaben. Ziegen sind sehr wachsame Tiere und haben eine laute, durchdringende Stimme, kein Dieb wäre dem Gemecker entkommen.

Die eigentümlichste Tierhaltung fand ich allerdings an der Porta Capuana, einem der ursprünglichsten neapolitanischen Viertel. Dort gab es Häuser, in denen die Leute sich Kühe bis in den vierten und fünften Stock hinauf hielten. Die Tiere gelangten als Kälber auf den Armen getragen in die oberen Stockwerke. Dort verlernten sie bald das Stehen und ihre Hufe verunstalteten sich zu großen Fingernägeln. Ihre Versorgung geschah mittels handlicher Körbe, die zwischen der Haustür und den Fenstern oben an Leinen hinauf und herunter befördert wurden – hinauf zur Ernährung und herunter zur Entleerung. All dies geschah zur vermeintlichen Sicherung vor Tuberkulose. Die Neapolitaner tranken keine Milch, die in Flaschen war, die Milch mußte unmittelbar vor ihren Augen gemolken werden. So brach in anderen Teilen der Stadt der Tag mit dem Muhen der Kuhherden an. Sie wurden frühmorgens zwischen fünf und sechs Uhr durch die entsprechenden Stadtviertel getrieben und lösten sich auf, indem jede Kuh sich zu einer bestimmten Haus- oder Wohnungstür begab, um sich melken zu lassen.

Man fragte sich natürlich, wo diese Kühe bestallt waren. Sie waren tagsüber im Souterrain der Kirchen untergebracht und trugen mit ihrem Blöken zum Gottesdienst bei, der sowieso durch seine Verschiedenheit vom mittel- oder nordeuropäischen Gottesdienst beeindruckend war. Die Messe war ja keine so ernste Angelegenheit. Da ging es vor allem um die Sammlung der Soldi, der Kupfermünzen. Der ordinierende Priester las in seinem Kirchenlatein aus dem Brevier und inzwischen ging die Sammlung vor sich. Die Kupfermünzen wurden dem Priester gebracht, der einen ganz engen Talar anhatte mit unendlich tiefen Taschen, die bis auf den Boden reichten. Der Priester schüttete die Soldi immer mit furchtbarem Geklirre in eine der Taschen. Nun wußte er aber natürlich noch nicht, wieviel das war. Deshalb holte er also mit der einen Hand die Münzen wieder herauf, zählte sie in die andere Hand während er predigte und ließ sie dann mit dem entsprechenden Eklat in die Tasche auf der anderen Seite fallen. Unten in der Kirche, im Parterre sozusagen, wurde alles gemacht. Es gab nichts, was da nicht geschah. Für die armen Mütter der Stadt, die keine Wohnungen hatten, waren die Gottesdienste die gegebene Gelegenheit, ihre Kinder zu stillen und zu wickeln. Und dazu muhten die Kühe. Das war vollkommen harmonisch, das gehörte dazu. Davon waren Verkehrsstockungen auf dem Straßenniveau der Stadt natürlich unberührt.

[So wie einerseits das Alltagsleben in den Kirchen Platz hatte, war andererseits die Heiligenverehrung über die ganze Stadt verbreitet.] Jede Straße hatte ihren Heiligen und am Tag dieses Heiligen waren dort die Läden geschlossen, die Leute feierten und die Heiligenbilder erstrahlten in einem unwahrscheinlichen Glanz. Sie waren mit Papiergirlanden und allem möglichen Prunk geschmückt und boten die einzige wirklich gloriose Demonstration von Elektrizität in Neapel, denn für die Lichter um die Heiligenbilder war merkwürdigerweise immer Strom vorhanden.

Die Stadt war ein Labyrinth von kleinen Gassen, die zum Teil so eng waren, daß man mit ausgespannten Händen beide Häuserwände berühren konnte. Von einem Haus zum anderen hing die bunte Wäsche gleich Fahnen, und die Rufpost der Wünsche gab dem Leben dort seine spezifische Klangstärke. In die Tiefe dieser Gassen drang kaum Licht, und wenn man durch die Eingänge in die Wohnung hineinsah, konnte man merkwürdige Dinge erblicken. Man sah künstliche Paradiesszenen unter Glas mit Heiligen, mit Pflanzen und Eseln, beleuchtet von Lichtern, die ganz vorsichtig und kunstvoll angebracht waren. Am Tage konnte man die Leute Spaghetti essen sehen,zum Teil mit den Händen. Das geht außerordentlich kunstvoll vor sich und ist überhaupt nicht leicht. Man muß mit den Händen in die Schüssel greifen und die Spaghetti herausziehen und braucht dann sehr lange Arme, damit man sie von oben in den Mund hineinbekommt. Nachts war es im Sommer in den Häusern unerträglich heiß. Die Betten standen dann draußen und die Leute schliefen in den Gassen, wo auch die Esel und die Ziegen schliefen, so daß man gar nicht mehr durch diese Gassen gehen konnte.

Wenn im Monat August zur Zeit des »Solleone«[5] die brütende Hitze auf Neapel lastete, gab es keinen glücklicheren und erholsameren Ort als die Eisenbahnschächte der Spezialbahn zwischen Rom und Neapel, die in der Tiefe des Vomero ausgehoben worden waren. Die Grüfte und Gewölbe waren himmlisch kühl, mit Wasser, das die Felswände heruntersickerte, und dort erging sich die Jugend und auch ein Teil der Erwachsenen jauchzend in Jubelschreien und Gesängen voll verliebter Begeisterung über das hallende Echo, das aus dem Berg kam. Wie war es möglich, daß Eisenbahnschächte ein so freudiger Ort waren? Nun, es ist leicht zu erraten: Weil durch die Schächte keine Eisenbahnen fuhren, da das geplante Transportmittel aus unergründlichen Ursachen nicht funktionierte, obwohl die Schächte schon fast 10 Jahre bestanden. Die Spezialbahn, die mit Nationalstolz geplant worden war und die vielleicht die schnellste in ganz Europa hätte werden können, war Teil des idealen neapolitanischen Glücksarsenals des Kaputten[6].

Welches Verhältnis die Neapolitaner zu solchen technischen Wunderwerken wie Eisenbahnen haben, konnte ich erfahren, als ich einmal in Castellammare war, dem Kriegshafen von Neapel. Ich wollte mit der Bahn nach Neapel zurück und fragte den Stationsvorsteher, wo der Bahnsteig sei und wann die Eisenbahn nun abgehen würde. Das wußte er nicht. Da sah ich weiter hinten eine Bahn stehen und fragte: »Ist sie das?« »Nein – ich weiß nicht.« Ich ging hin – und sie war es. Aber sie fuhr noch nicht. Da traf ich ihn wieder und sagte: »Das ist sie aber doch!« Darauf er: »Ja, was ist, wenn diese Dinge von selber gehen? Wie soll man wissen, wohin sie gehen und wann sie gehen?«

[Vor allem Motoren jeglicher Art füllen das Glücksarsenal des Kaputten.] So war ich einmal mit einem Motorboot unterwegs, das die Fremden im Golf von

Neapel herumfuhr und von einem großartig eleganten Mann gesteuert wurde. Der Motor macht ein ganz eigentümliches Geräusch, und Leute, die irgendwie mit Motoren bekannt waren, hatten ungemütliche Gefühle dabei. Tatsächlich wurde der Motor immer heißer und heißer, je länger wir fuhren. Schließlich war er wohl heiß genug, denn der Steuermann zog unter seinem Tisch eine Cafeteria heraus, stellte sie auf den Motor und bediente bald darauf die ganze Reisegesellschaft mit Kaffee.

Ein anderes Mal habe ich in einer Milchbar einen Mann gesehen, der ungeheuer stolz darauf war, daß er den Motor eines alten zerfallenen Motorrads wieder in Gang gesetzt hatte. An der Nabe hatte er exzentrisch eine lange Gabel angebracht, mit der er die Schlagsahne schlug. Er stand hinter seiner Theke, als ob er die Elemente des Universums beherrschte.

Die Stadt lebte ja unter dem Vesuv, war also in ihrer Existenz fortwährend bedroht. Infolgedessen hatte sie auch an dem üblichen technischen und ökonomischen Fortschritt Europas nur stockend teilgenommen – weil man ja nie wußte, ob das Jahr ohne Katastrophe vorübergehen würde. So habe ich damals in Neapel an einer Straße noch eine regelrechte Manufaktur vorgefunden, wie sie im 17. Jahrhundert üblich war und wie sie Karl Marx beschreibt. In einem Straßendurchgang von etwa 100 Meter Länge war in dem Winkel eines Knicks ein großes Feuer, ein offener Schmelzofen, in dem Kupfer geschmiedet wurde. Das Gemäuer, an das der Ofen angelehnt war, hatte vom Feuer eine scharfe gelbrote Färbung mit schwarzen Rändern angenommen und sah unwahrscheinlich eindrucksvoll aus. Das Kupfer wurde zu Blech gewalzt, in noch schmiedbarem Zustand auf die andere Straßenseite gebracht und an den ersten in einer langen Reihe von Arbeitern gegeben, die, mit den Füßen in der Gosse, einer nach dem anderen auf dem Bürgersteig saßen. Der erste schnitt das Kupferblech, der zweite gab ihm die Form, der dritte formte es weiter. So ging das die ganze Straße entlang und am Ende häufte sich das Kupfergeschirr auf und wurde verkauft! – eine Manufaktur ohne ein einziges Stück Maschinerie, lediglich mit Hämmern, Zangen, Schneiden, Feilen und derartigen Dingen und dem Rohmaterial, das aus dem Schmelzofen kam.

Neapel war also keine Welt im Aufbruch, sondern eine sehr alt verwurzelte Welt, mit Wurzeln, die tatsächlich noch bis in die Feudalität zurückgeführt werden konnten. Auch die Camorra stammt aus der Feudalzeit. Die »Onorata Società dei Camorristi«[7], die wie die Mafia auf Sizilien eine Verbrechergesellschaft ist, hat schon lange vor der bürgerlichen Gerichtsbarkeit selbst die Gerechtigkeit ausgeübt. Es gab in den zwanziger Jahren in Kalabrien noch Verbände, die mit der Camorra zusammenhingen. Diese besetzten die Pässe, und wenn Reisende über die Gebirge zogen, mußten sie gewärtigen, daß sie angehalten wurden und man ihnen das Geld abnahm. Das wurde dann auf Kosten der Reichen unter die Armen verteilt, wie es der allgemeinen Gerechtigkeit entsprach. In Neapel selbst waren die Camorristi, die die eigentliche innere Verwaltung der Stadt bildeten, zwar immer noch Mitglieder einer »Onorata Società«, aber die alten feudalen Begriffe waren natürlich längst ins gemeine Verbrechertum übersetzt worden. Zudem bekämpften sich die verschiedenen Gruppen der Camorra untereinander auf Leben und Tod und die ganze Stadt war in verschiedene Lager aufgeteilt.

Den untersten Rang der Camorra stellten die Scugnizzi dar. Das sind Kinder, die keine bürgerliche Existenz hatten: keine Wohnungen, keine Eltern. Sie hießen in Neapel »I parenti di San Gennaro«[8]. San Gennaro ist der Heilige, dem ganz Neapel seine Fortexistenz verdankt und der alljährlich die Flüssigwerdung des Märtyrerblutes betreibt. Manchmal auch ohne Erfolg. So war angeblich 1798, als das Heer Napoleons nach Italien vordrang, das Wunder des San Gennaro nicht geglückt.
Die Scugnizzi rotteten sich zu gemeinsamen Unternehmungen zusammen, zu Diebeszügen, die man »Far Parranza«[9] nannte. Das ist ein Ausdruck aus der Fischersprache. Im neapolitanischen Meerbusen wurde Lichtfischerei betrieben. In der Mitte lag ein Boot mit starkem Licht, das die Fische aus der Tiefe anzog, und um dieses Lichtboot lagen die anderen Boote in der Dunkelheit und warfen sich das Netz zu. Dann wurde das Netz mit der Beute herausgezogen – das hieß »Far Parranza«.

Die Scugnizzi lebten ein fantastisches Leben. Sie schlossen – natürlich illegal – sogar regelrechte Ehen. Schon mit 11 oder 12 Jahren lebten Jungen und Mädchen zusammen. Die Ehe war geschlossen, wenn das Mädchen von dem Jungen eine rote Blume annahm – dann gehörte sie ihm. Wenn zwei Jungen um dasselbe Mädchen warben, gab es die eigentümliche Sitte des »Cantar le Frunde del Limone«[10]. Sie bestand darin, daß die Rivalen um die Gunst eines Mädchens in einer Mondnacht vor dessen Fenster zogen und mit Mandolinen einen Wettkampf ausführten, indem sie sangen, und zwar nicht etwa vorgegebene Lieder, sondern selbst erfundene, improvisierte. Derjenige gewann, der länger singen konnte als der andere. Und wie der Geschmack die erstaunlichsten Stadien durchmacht, wenn man ein junges Zitronenblatt zerkaut, so durchläuft die Seele beim Singen alle Stadien der Emotionen.

[Die Scugnizzi führen uns wieder zurück zu dem Eselchen in der Via Chiaia, das sich auch in der Zwischenzeit keinen Schritt bewegt hatte.] Ein Scugnizzo nämlich drängte sich durch das Knäuel von Menschen, das sich um den Esel herum verknotet hatte und mit großem Geschick und völliger Unauffälligkeit bekam er den Esel am Zaum zu greifen und versetzte ihm ganz zart und sacht einen Tritt unter den Bauch. Darauf ging der Schwanz des Esels steil nach oben und blieb stehen, und es ertönte ein langgezogenes Pffft. Das Tier entleerte sich, wobei sich der Mann, dem das Gefährt gehörte, vergeblich gegen den Geruch wehrte – er saß ja mittendrin. Der Esel wurde immer schmaler und schrumpfte allmählich auf seinen natürlichen Umfang, iahte fürchterlich und trottete weiter.

Das war die Verkehrsstockung in der Via Chiaia in Neapel.

Anmerkungen

1 Stefano delle Chiaje (1794-1860) war ein berühmter neapolitanischer Zoologe. Neben der Via Chiaja (heute: Chiaia) gab es u. a. noch die Riviera di Chiaja und die Strada Ponte di Chiaja.
2 Der letzte große Vesuvausbruch war 1906, lag also nur 20 Jahre zurück. 1913–1929 war eine Periode intensiver Tätigkeit.
3 ital. für »Dummköpfchen, kleiner Esel«.
4 ital. für »Säugling, kleiner Esel«.
5 Die Zeit, während der die Sonne dem Tierkreiszeichen des Löwen zugeordnet ist (23.7. - 23.8.).
6 Inzwischen sind die Bahnanlagen fertiggestellt. Auf ihnen verkehrt der Intercity Neapel—Rom, und das Überschreiten der Gleise ist verboten.
7 ital. für »Geehrte Gesellschaft der Camorristi«. Das Wort »Camorra« kommt vermutlich von neapol. »Morra« für »Bande«.
8 San Gennaro war Bischof von Benevent und wurde um 304 in Pozzuoli enthauptet. Im Dom von Neapel werden das Haupt und zwei Fläschchen mit Blut aufbewahrt. Am 19. September (und an zwei weiteren Festtagen) ereignet sich alljährlich das Blutwunder: Das geronnene Blut verflüssigt sich, wenn man es dem Haupt nähert. *Meyers Konversationslexikon* von 1887 dazu: »Ein treffliches Agitationsmittel in der Hand des Klerus«. *Der Große Brockhaus* von 1955 etwas nüchterner:»Eine wissenschaftliche Prüfung ist bisher nicht erfolgt«.
9 ital. für »Schleppnetz« (auch »Fischerbarke«).
10 neapol. »frunda« oder »frunna« (von ital. »fronda«) für »Zweig, Laubzweig, Blatt«.

Editorische Notiz

Alfred Sohn-Rethel konnte die Erzählung nicht mehr selbst für den Druck redigieren. Auf seinen Wunsch wurden aus dem Rundfunkgespräch mit Wolfgang Hagen (*Alfred Sohn-Rethel. Ein Intellektueller aus Deutschland erzählt*, Radio Bremen 1977) einige Passagen mit aufgenommen. Ergänzungen durch den Herausgeber stehen in [ ].

Vesuvbesteigung 1926

An einem Septembertag des Jahres 1926 machte ich mich in Begleitung von Ludwig Hardt, damals ein bekannter Rezitator, auf den Weg von Positano zu einer Besteigung des Vesuvs. Obwohl schon im dritten Jahr meines Aufenthaltes in Italien, hatte ich nie genug Geld gehabt, mir die ersehnte Exkursion zu leisten. Hardt lud mich nun dazu ein. Es sollte ein Aufstieg von der pompejanischen Seite aus sein, wo einem keine Funicolare und sonstige Technik in den Weg kam, bei Nacht, im Vollmond, wie er gerade bevorstand, und zu Pferde, von Bosco Trecase aus, einem Ort oberhalb von Torre Annunziata mit nur wenigen Häusern damals, darunter einem Gasthof, wo man für einen solchen Aufstieg die nötigen Pferde bekommen und Führer finden konnte.

Nach Torre Annunziata gelangten wir großenteils zu Fuß. Es war schon dunkel und wir waren müde und erschöpft, als wir den Gasthof erreichten. Der Wirt aber erklärte uns, er könne uns nicht aufnehmen, alles sei besetzt. Das war ein Schlag. Nach heftigem

Palaver ließ man sich dann schließlich doch herbei, aus dem Keller zwei ungenutzte Matratzen heraufzuschaffen, und legte sie für uns in einen leeren Raum. Hardt warf sich in seiner Müdigkeit ohne Zögern auf eine der beiden und war anscheinend schon in der Bewegung eingeschlafen. Ich brauchte ein wenig länger, gerade genug, in der Matratze ein leises Knistern wahrzunehmen: Wanzen! Hunderte! In Panik sprang ich auf. Hardt schnarchte und rührte sich nicht. Ich ließ ihn schlafen und flüchtete auf die Terrasse. Es war eine Nacht von traumhafter Schönheit, die jede Müdigkeit nahm. Das starke Licht des Vollmondes war gebrochen durch einen Nebelschleier, der sich vom Boden erhob und eine wohltuende Kühle verbreitete und geisternde Stille. Im Silberschein lag der Garten, standen seine Bäume, Karuben, Feigenbäume, zum Verwechseln ähnlich den großen Rizinusstauden ... Die Terrasse lag nach Süden, abgewandt vom Vesuv, und ich blickte auf die Bergkette, die sich von der sorrentinischen Halbinsel landeinwärts erstreckt und zu einer Höhe von über 1400 m erhebt. Sie war von unten in tiefes Dunkel gehüllt, über ihren Gipfeln stand beherrschend der Mond. Von rechts, von der Stadt Annunziata her und unter ihr vom Meerbusen und seinen Lichtfischern, kamen Bruchstücke leisen Gesangs bis zu mir herauf ...

So war es durchaus nicht gähnenden Mutes, daß ich meinen Begleiter um zwei Uhr aus dem Schlaf rütteln ging. Auf meine Frage nach seiner Nachtruhe antwortete er – »ausgezeichnet!« und ich war's zufrieden, daß er die Gegenfrage unterließ. Als wir auf die Straße traten, fanden wir unseren Guida mit drei Pferden schon auf uns warten.

Im Dorf, das wir durchritten – alles im Schritt, versteht sich – hatte die Lava, woraus der Boden zum größten Teil bestand, das Zerfallsstadium des Humus erreicht und damit die fabulöse Fruchtbarkeit erlangt, um derentwillen Menschen sich an den unteren Abhängen des Vesuvs immer von neuem in ihren weißgetünchten Häuschen ansiedelten, entschlossen, in sorgloser Vergeßlichkeit ein gesegnetes Arbeitsleben zu vollbringen. Streifenweise gab es auch noch steinige Lava, völlig unbebaubar, die, unserem Führer zufolge, erst vor zehn bis zwanzig Jahren aus dem Krater bis hierher geflossen sein mochte. Außer Bosco gab es auf unserem Weg kein weiteres Dorf mehr. Von hier an trat nichts mehr zwischen uns und den Berg. Von unten hinauf und aus der Nähe gesehen ist der Konus dieses Vulkans einfach überwältigend in seiner Größe und Mächtigkeit, in seiner zauberhaften, fast magisch leuchtenden Tönung. Im Grunde ist sie einfach grau, entsprechend der Asche, die die Oberfläche des Berges ringsum bedeckt, aber es ist ein silbrig schimmerndes, gleichwie lebendiges Grau, das der Mondschein noch mit einer feinen rosa Lasur versehen hat; wenigstens wirkte es so gegen das Dunkel des Hintergrundes gesehen. Bei genauem Hinschauen war ein Feuerschein bemerkbar, der dicht über dem Gipfel lag. Noch beachtlicher war ein dumpf grollendes Geräusch, das mit dem kaum spürbaren Wind der Nacht vom Gipfel bis zu uns herunterwehte. Es war wie ein tierischer Atem von unvorstellbarer Kraft und Furchtbarkeit.

Übrigens erinnere ich mich nicht, daß auf unserem ganzen weiteren Weg ein Wort zwischen unserem Führer und uns, ja kaum zwischen uns selbst gewechselt worden wäre. Die Macht und Magie der Natur aufzunehmen, war alles, wozu ich mich fähig fühlte nach den Eindrücken der Nacht auf der Terrasse.

Der Weg ging zunächst nur sehr wenig aufwärts und von der Küste mehr dem Landesinnern zu. Unten am Fuße des Vesuvs gab es noch Bäume. Das heißt, so kann man es nicht sagen. Es gab, landeinwärts blickend, einzeln stehende hochgewachsene Pinien in weitem Abstand voneinander, gleich wolkentragenden Säulen, über die sich hoch der monddurchleuchtete Himmel erhob. Sonst war das Tal soweit das Auge reichte leer, bar aller Zeichen von Landbestellung und -bewohnung. Nur diese Pinien standen über seine Weite verteilt. Sie gaben dem Raumganzen seine italienische Form. Jetzt tauchten wir sehr bald in ein dichtes Unterholz von blühendem Ginster, der so hochgewachsen war, daß die mächtigen Zweige über den Pferden und Reitern zusammenschlugen. Ein Äther des wunderbaren Duftes erfüllte in fast betäubender Stärke die Luft, und wir hatten uns zu wehren, daß die Blütengarben uns nicht ins Gesicht schlugen. Der Weg war nur ein Sandpfad, stellenweise für nicht mehr als ein Pferd breit und oft tief eingetreten. Daß er nirgends gerade verlief, sondern in endlosen Krümmungen und Windungen sich schlängelte, schien er einem zu Gefallen zu tun. Wo immer er ein Ende erreichte, kam es zu früh. Bald wurde der Anstieg steiler, und wir kamen wieder aus dem Gesträuch auf den offenen Hang hinauf, auf einem überraschend höheren Stand, als der Ritt durch den Ginsterwald es hätte vermuten lassen.

Für die Pferde wurde es langsam schwerer, da der lose Aschengrund des Weges sie um die Länge jedes Schritts betrog. Das Land blieb unter uns zurück, wir schienen nur von Himmel umgeben, dem Himmel über uns, den Sternbildern der Lichter der Dörfer unter uns und dem Meerbusen, auf dem die Boote der Lichtfischer sich kaum merklich bewegten. In dieser Landschaft entdeckte ich in einiger Distanz nach rechts, den landeinwärts gelegenen Dörfern zu, eine Gruppe von Menschen, etwa zwanzig an der Zahl, im Mondlicht nicht präzis unterscheidbar, zu zweien hintereinander geordnet, in vollständigem Schweigen zu Fuß den Hang ersteigen, die Beine dick umwickelt gegen die zerfetzende Schärfe der Asche, in ihrer Mühsal bei jedem Schritt vorwärts zurückrutschend. Mir schienen sie wie die Verdammten aus Dantes Hölle.

Auch wir mußten die letzten fünfzig Meter zu Fuß bewältigen. Die Pferde konnten oder durften nicht weiter gehen. Der Aufstieg war zu steil, die Asche zu lose und zu scharf, und die vulkanische Aktivität zu vernehmlich und bedrohlich für die Tiere. Uns wurden diese letzten fünfzig Meter recht beschwerlich. Jeder Schritt schmerzte an den Füßen. Es fiel auch in Schüben Asche auf uns nieder, feine und grobe, aber ich konnte nicht ausmachen, wie heiß sie noch war.

Aber nun, von einem Schritt zum andern, blickte man über den Rand der Felsenumwallung hinweg und hatte den ungeheuerlichen Anblick des Kraters vor Augen. Dieser Anblick war aber nicht das Stärkste, nicht das unmittelbar Zermalmende des ersten Eindrucks. Es war der Klang, der in dem Krater tönte wie Berge von flüssigem Metall, die in unfaßbarer Tiefe gegeneinander schlugen. Die Jahrmillionen vor aller Regung von Leben auf unserem Stern waren in diesem Klang zugegen, gegenwärtig geworden im Ohr, das ihn vernahm. Mir schlug's ins Gedärm, und ich mußte mich hinter einen Felsblock kauern. Empedokles kam mir in den Sinn, der der Überlieferung nach durch den Sturz in den Ätna-Krater seinen Opfertod begangen haben soll. Eine unvollziehbare Vorstellung, die die Annullierung allen Lebens bis in unsere organische Materie in sich schloß. Als ich wieder hochkam, fand ich meinen Begleiter noch in derselben reglosen Stellung auf den Krater starrend und immer wieder »Fürchterlich!« vor sich hinmurmelnd. Von diesem Anblick konnte man in der Tat gebannt sein, aber ich fand ihn eher bedrückend schön. Um den Krater geschichtet befand sich ein mathematisch genauer Kegel von absoluter, alles Licht in sich verschluckender Schwärze, durchaus nicht sehr groß, etwa drei Meter hoch und steil in der Form. Aus ihm stieg die flüssige Lava in feuriger Helligkeit hervor, in unregelmäßigen, aber ziemlich dicht aufeinander folgenden Stößen, mit einer Art fauchenden Schnaubens aus dem Innern hervorquellend. Sie zerplatzte und zerstob in einem Feuerwerk von Funken, die als ein fast stetiger Regen von glitzernden, in sich zerspringenden Diamanten den samtschwarzen Kegel hinunterrieselten. Schöner, so schien mir, hätte man es sich gar nicht ausdenken können. Die Öffnung des Kraters an der Kegelspitze war eng, dem Strom der Lava einen hinderlichen Ausgang bereitend. Der Vorgang enthüllte den sich anbahnenden Prozeß. Der Vesuv stand sozusagen kurz vor seiner Periode, die mit beinahe zuverlässiger Regelmäßigkeit alle drei Monate eintrat. So lange dauerte es immer, bis der Lavastrom sich aus der niederfallenden Asche den Kraterkegel aufgeworfen hatte und sich damit selbst seinen Ausgang zu verstopfen drohte. Wenn dieses Stadium knapp bevorstand, bedurfte es eines Ausbruchs, der den Aschenkegel aus dem Weg schleuderte, und sogleich begann der Vulkan, sich einen neuen anzulegen. Der Tag, an dem wir oben waren, war einer der letzten, wenn nicht der letzte der laufenden Periode, an dem noch Besucher zugelassen wurden. Denn, war der Ausbruch fällig, wurde der öffentliche Zugang gesperrt, weil die Heftigkeit des Ausbruchs sich nie mit Sicherheit vorauswissen ließ. Jedenfalls sind das die Gefahrenpunkte im regelmäßigen Verlaufsrhythmus des Vulkans, von schweren Ausbrüchen nicht zu sprechen. Die Lava, die sich zum üblichen Zeitpunkt ergießt, fließt auch nicht den Berg hinab, sondern verbleibt in einem breiteren, etwa fünfzig Meter weiten Becken, das eine Art von äußerem Krater bildet und von einem zackigen Felsenkamm des Gebirges eingefaßt ist. Dieser äußere Krater lag jetzt in tiefem Schatten, und was er barg, ließ sich vorerst nicht erkennen.*

Schuld an der Undurchdringlichkeit seines Dunkels war der Feuerstrom, in dem die Lava aus dem effektiven oder zentralen Krater sich in den Himmel erhob und von dem wir schon weit unten am Berg den Widerschein gewahrt hatten. Denn der Himmelsflug dieses Feuerscheins war keineswegs nach Art

* *Ich muß übrigens anmerken, daß die von mir hier gegebene Beschreibung der Gipfelstruktur mit der heutigen Beschaffenheit keine Ähnlichkeit besitzt. Die damalige Struktur, die mir als die klassische und quasi naturgemäße erschien, ist von den seither geschehenen großen Ausbrüchen gänzlich umgestaltet worden.*

einer Säule. Vielmehr wand er sich in weiten, ausladenden Bögen und üppig schweifenden Windungen spiralförmig aufwärts, unten noch leuchted rot, dann abklingend zu Fleischtönen und schließlich in kühlem Rosa sich in die Höhe des Himmels verlierend.

Die Schwingungen dieser Spirale des Feuerscheins ließen aber doch Durchblicke in den offenen Himmel zu, der im komplementären Kontrast dazu in klarem tiefem Blau erschien, wie Lapislazuli übersät mit strahlenden goldenen Sternen, die wie aufgestickt aussahen. Dagegen erhoben sich in kühlem, grünsilbrigem Glanz die mondbeschienenen Zacken in der unregelmäßigen Felsumrandung des äußeren Kraters. Von der überwältigenden Schönheit dieser astronomischen Landschaft, die nur die ausgeglühten Farben der Edelsteine zu kennen schien, konnte ich mich lange nicht losreißen. Freund Hardt hatte ich aus den Augen verloren. Als er nach längerer Zeit zu diesem Platz zurückfand, regte ich an, ob wir nicht am Kamm entlang in Richtung auf Neapel zu um den Berg herumgehen sollten. Das war nicht ganz mühelos möglich, aber als das Lichtermeer der Großstadt und ihrer Ausläufer den Golf entlang und nach Norden und Osten sich in der Tiefe unter uns ausbreitete, war der Eindruck unabweisbar – und ich glaube, ich sprach ihn aus – von einem Diamantenschmuck von unendlicher Filigranarbeit, der dem Ungeheuer des Berges als Riesenkitsch um den Hals gelegt war. Wir waren beide froh, daß wir zur Dunkelheit des Vulkans, wo wir gewesen waren, zurückfinden konnten.

Dort angelangt, bemächtigte sich meiner eine unheimliche Beobachtung. Ich merkte plötzlich, daß sich die Struktur des Raumes veränderte. Zwischen dem Himmel oben und dem Himmel unten war etwas im Entstehen, das sich zunächst nicht fassen und beschreiben ließ. Nach einigem Warten schien sich eine Scheidung zwischen oben und unten zu vollziehen, als ob eine neue Materie im Entstehen begriffen wäre, die sich in ungebrochener Horizontale nach allen Seiten dehnte. Endlich wurde ich gewahr, daß die Nacht im Schwinden war und daß eine Wand von Morgennebel durch die gesamte Weite des Raumes sich erstreckte. Und nun verfärbte sich auch langsam von den Abruzzen her der östliche Himmel. Die Nebelbank wurde so dicht, daß sich durch sie nichts mehr von dem unteren Raum sehen ließ. Dagegen ragte in weiter Ferne die scharfe Silhouette des Gran Sasso d'Italia über der Nebelbank heraus, wie auf einer endlosen Meeresfläche schwimmend. Der Krater zu meinen Füßen spie sein Feuer nicht mehr als pure Glut, sondern vermischt mit schwarzem, rauchigem Qualm. Der Vesuv verlor seine allbeherrschende nächtliche Macht und erhielt äußere Kontur und Begrenzung auferlegt, wurde zur Erscheinung inmitten anderer. Die Verwandlung nahm ihren unhemmbaren Lauf. Das Tageslicht gewann seinen wachen, rotgoldenen Schein, und nun stieg die Sonne über dem Nebelhorizont herauf. In diesem Augenblick brach um uns her von den Firsten der Felsenkante ein anhaltender Jubelschrei aus: »Il sole! Il sole!« – zu meiner vollkommenen Überraschung, denn ich hatte mir die Möglichkeit von Scharen von Bewohnern aus den umliegenden Dörfern hier oben nie in den Kopf kommen lassen, obgleich ich doch selbst eine Gruppe von ihnen auf ihrem mühevollen Aufstieg gesehen hatte. Ich muß sagen, daß diese jubelnde Begrüßung der Sonne in ihrem Triumph über den Vesuv mein Erstaunen wert schien. Sie hatte eine Qualität von antikem Opferkult, und die Sonne selbst, wie sie ihre Bahn zog mit nichts Beigeordnetem vergleichbar, machte die griechische Hymnik von dem dröhnenden Wagen des Phöbus Apollo vorstellbar. Die Sicht allein war in der Tat ungenügend, ihrer Einzigartigkeit gerecht zu werden. Bald wurde auch die Wärme ihrer Strahlen fühlbar. Die Dinge um uns waren nun in Bewegung gekommen, doch ehe wir uns dem Abstieg zuwandten, nahm der Vulkan noch einmal unser ganzes Ineresse. Das Feuer der ausbrechenden Lava war durch den Wirbel der schwarzen Rauchwolken aus dem inneren Krater kaum mehr zu sehen, dafür lag aber nun der äußere Krater und das, was er enthielt, im hellen Tageslicht. Und der bot einen auf den ersten Blick unglaubhaften und revoltierenden Anblick. Gewiß, er fungierte als Auffangbecken für die aus dem inneren Krater überquellende Lava, ließ sie in verschiedenen Formen austreten und so erkalten. Wer hätte sich daraus aber das höllische Gekröse erwartet, das hier zutage lag, und in den Farben, in denen es da lag, Schwefelgelb, Phosphorgrün und Kupferrot – unvermischt, aber ineinander gewunden und verschlungen? Die Lava war in den Formen von Gliedmaßen erstarrt, von Schlangen in allen Größen und Windungen, von Krokodilen und sonstigen glatten, unbehaarten Leibern, wirklich wie Höllengekröse, und dazwischen zwirbelten dünne und weniger dünne Rauchfahnen empor aus kleinen subsidiären Kratern, die unter dem Gemenge verborgen lagen. Von allen Seltsamkeiten, die der Vulkan uns hatte sehen lassen, war wohl dies die krasseste, und ich brauchte eine ganze Zeit, ihr den Rücken zu kehren. Als wir uns dann aber den Leuten anschlossen und unsere Pferde und unseren Guida wiederfanden, bemerkte ich dort ein wenig Gras, auf das ich den Fuß setzte und das mir das Gefühl des organischen Wachstums wiedergab, das beseligende Gefühl von Rückkehr in die Welt des Lebens, die als besonntes Panorama vor uns lag.

Erstdruck: Bremen 1982. Revidierte Fassung 1989

Das Ideal des Kaputten
Über neapolitanische Technik

Technische Vorrichtungen sind in Neapel grundsätzlich kaputt: nur ausnahmsweise und dank eines befremdlichen Zufalls kommt auch Intaktes vor. Mit der Zeit gewinnt man den Eindruck, daß alles schon in kaputtem Zustand hergestellt wird. Wir sprechen hier nicht von den Türklinken etwa, welche in Neapel noch zu den mythischen Wesen zählen und nur zu symbolischer Repräsentation an den Türen angebracht sind – das hängt damit zusammen, daß dort die Türen überhaupt bloß dazu da sind, offen zu stehen und, wenn sie von einem Luftzug mal zugeworfen werden, mit entsetztem Kreischen und am ganzen Leibe zitternd wieder aufzugehen, Neapel mit geschlossenen Türen, das wäre wie Berlin ohne Hausdächer – sondern von richtigen maschinellen Einrichtungen und dergleichen Apparaten ist die Rede.

Aber nicht, daß diese nun darum, weil sie kaputt sind, etwa nicht funktionieren, sondern beim Neapolitaner fängt das Funktionieren gerade erst da an, wo etwas kaputt ist. Er geht mit einem Motorboot aufs Meer, sogar bei heftigem Wind, in das wir kaum den Fuß zu setzen wagten. Und es geht zwar niemals, wie es gehen sollte, aber so oder so doch immer gut. Mit unerschütterlicher Selbstverständlichkeit bringt er es, drei Meter von den Klippen, an denen ihn die wilde Brandung zu zerschmettern droht, zum Beispiel fertig, den beschädigten Benzinbehälter, in den das Wasser eingedrungen ist, abzulassen und neu zu füllen, ohne daß der Motor aussetzt. Wenn nötig, kocht er gleichzeitig auf der Maschine noch Kaffee für die Fahrgäste. Oder es gelingt ihm in unübertrefflicher Meisterschaft, sein defektes Auto durch das ungeahnte Anbringen eines kleinen Holzstücks, das sich von ungefähr auf der Straße findet, wieder in Gang zu bringen – allerdings nur, bis es bald und mit Sicherheit wieder kaputt geht. Denn endgültige Reparaturen sind ihm ein Greuel, da verzichtet er schon lieber ganz auf das Auto.

Dabei fällt ihm auch weiter nichts auf. Er würde einen erstaunt angucken, wenn man ihm sagen wollte, daß dies eigentlich nicht die Art sei, sich eines Motors oder überhaupt der technischen Zweckinstrumente zu bedienen. Er würde sogar energisch widersprechen: für ihn liegt vielmehr das Wesen der Technik im Funktionieren des Kaputten. Und in der Behandlung defekter Maschinen ist er allerdings souverän und über alle Technik weit hinaus. In seiner bastelnden, stets geistesgegenwärtigen Geschicklichkeit, mit der er vor einer Gefahr oft gerade aus dem Defekt lächerlich einfach den rettenden Vorteil schlägt, hat er in der Tat manches mit dem Amerikaner gemein. Aber es ist bei ihm der höhere Erfindungsreichtum der

Kinder, und wie die Kinder hat er in allem Glück, und wie den Kindern kommt ihm der Zufall gerne zustatten.

Das Intakte dagegen, das sozusagen von selber geht, ist ihm im Grunde unheimlich und suspekt, denn gerade weil es von selber geht, kann man letztlich nie wissen, wie und wohin es gehen wird. Er gerät ja zwar, wenn die Sache bei der Erprobung tatsächlich und sogar ungefähr, wie man es dachte, funktionierte, in eine meist patriotisch gerichtete Verzückung – »Evviva l'Italia!!« – und ist leicht geneigt, sich und sein Land schon an der Spitze der Zivilisation der Völker zu sehen. Aber ganz sicher ist er solcher Unwesen nie, und selbst bei der Eisenbahn von Castellammare nach Neapel, welche doch im Laufe ihres halben Jahrhunderts allmählich profan geworden sein dürfte, kann man hin und wieder bis zur letzten Minute nicht wissen, wohin sie wirklich fahren wird. So wenigstens lautete die Philosophie des Bahnhofsvorstehers, die er auf mein Befragen äußerte. Man kann da letztlich nichts machen, das Intakte funktioniert eben, das ist von ihm auch nicht einmal eine besondere Leistung, *force majeure*, und Gottes Wege sind unerforschlich. Der Verzauberung ist auf alle Fälle damit abgeholfen, daß die Sache kaputt geht. Wo sich das irgend bewerkstelligen läßt, geschieht es deshalb schnell und sogar häufiger als es selbst der vorsichtige Mann für nötig hält. Das mag wohl mit dem Klima zusammenhängen, jedenfalls schadet es nichts, denn nur so ist daran zu denken, daß die Sache mal wieder gehen wird.

Gefährlich könnten dagegen hier Elemente werden, welche, wie die Elektrizität, nicht eigentlich kaputt zu machen sind und bei denen auch nicht einwandfrei festzustellen ist, ob sie wirklich von dieser Welt stammen. Dafür aber hält Neapel seinen Ort bereit. Solche unenträtselt spiritualen Wesen fließen ohne Hemmschwelle mit der Glorie der religiösen Mächte zusammen, und die festliche Osrambirne verschwistert sich im neapolitanischen Heiligenbild mit der Strahlenkrone der Madonna zur Faszination der ehrfürchtigen Seelen. Hingegen wird man schwerlich Kläglicheres finden als die profane, also die eigentliche Nutzanwendung der Elektrizität in Neapel. Schlechterdings kosmisches Mitleid greift einem ans Herz angesichts der jämmerlichen Glühbirne, welche in todesmatter Trübsal melancholisch an der Decke baumelt, in ihrem hoffnungslosen Ausharren von aller Welt verspottet und mißachtet. Auch ist das unerbittliche Gesetz noch immer unergründet, nach welchem der Straßenbahn alle paar Tage der Strom ausgeht; »La corrente non c'è« lautete die schlichte Formel für diese Fügung des Himmels. Möglich, daß vielleicht das Telefon recht gut funktionieren würde, wenn da die Nummern nicht ihre eigenen Wege gingen und das amtliche Register oder doch die Auskunftsstellen des Geheimnisses dieser Zahlen teilhaftig wären. Doch wie dem im einzelnen auch sei, das alles gehört in Neapel nicht mehr ins Gebiet bloßer Technik.

Die Technik beginnt vielmehr eigentlich erst da, wo der Mensch sein Veto gegen den feindlichen und verschlossenen Automatismus der Maschinenwesen einlegt und selber in ihre Welt einspringt. Dabei erweist er sich allerdings dem Gesetz der Technik um Spannen überlegen. Denn er eignet sich die Führung der Maschinen nicht so sehr dadurch an, daß er ihre vorschriftsmäßige Handhabung erlernt, als indem er den eigenen Leib darin entdeckt. Zerstört er dazu zwar zunächst die menschenfeindliche Magie intakten maschinellen Funktionierens, so installiert er sich jedoch alsdann im entlarvten Ungeheuer und seiner einfältigen Seele und freut sich des wahrhaft einverleibten Besitzes zur unumschränkten Herrschaft utopischer Daseins-Allmacht. Auf die technische Anmaßung seines leibeigenen Instruments läßt er sich nicht mehr ein, diesen Schein und Trug seiner bloßen Erscheinung hat er mit unbestechlichem Blick durchschaut; ein Stückchen Holz oder ein Lappen tut's auch. Aber freilich muß sich die Gewalt des Einverleibten im sieghaften Anprall stündlich bewähren. In beängstigender Verve jagt er mit seinem Auto drauflos, und wenn dabei nicht irgend etwas in Trümmer geht, die Straßenmauer oder ein Eselskarren oder die eigene Maschine, so hat die ganze Autofahrerei keinen Sinn gehabt. Ein richtiges Eigentum muß eben auch geschunden werden, sonst hat man nichts davon, es muß bis auf den letzten Stumpf gebraucht und ausgekostet, gleichsam vertilgt und aufgefressen werden. Doch ist im Ganzen das Verhältnis des Neapolitaners zu seiner Maschine gutmütig, nur etwas brutal; gerade wie zu seinem Esel.

An wenige ihrer vorgezeichneten Zweckverwendungen nur mehr gebunden, erfährt die Technik hier die sonderbarsten Ablenkungen und geht mit ebenso überraschenden wie überzeugenden Wirksamkeiten in einen ihr völlig *fremden Lebensgrund* ein. Von der zur erhöhten Glorie der Madonna erstrahlenden Osrambirne war schon die Rede. Als ein weiteres Beispiel mag der Radmotor dienen, der, aus den Zwängen des zerschmetterten Motorrads gelöst, mit seinen um eine leicht exzentrische Achse wirbelnden Drehungen in einer Latteria die Sahne schlägt. Auf solche ungeahnte

Weisen leistet die moderne Technik den Übungen dieses mit elektrischen Straßenbahnen und Telephon seltsam überlebenden 17. Jahrhunderts die ausgezeichnete Hilfestellung und dient so überall der Freiheit dieses Lebens über sie aufs Unfreiwilligste noch selber zur Folie. Die Mechanismen können hier das zivilisatorische Kontinuum nicht bilden, zu dem sie ausersehen: Neapel dreht ihnen das Gesicht auf den Rücken.

Der modernen Technik geht's hier im ganzen wie jenem weltverlorenen Schienenpaar, welches einsam und verrostet am Monte Santo die Straßen hinunterläuft. Das Feldgeschrei der kühnen Pläne, zu denen es, man weiß nicht wann, hierher verschlagen wurde, ist längst verklungen und vergessen. Mit beispielloser Kraft des Funktionierens aber spritzt es den jubelnden Straßenkindern das Wasser, welches aus irgendeiner verirrten Leitung durch seine Rinnen fließt, zu seligem Ergötzen in den Mund, und die ganze Nachbarschaft erfreut sich dieser hochwillkommenen Quelle. So etwa vereinigen sich in dieser Stadt die kompliziertesten Zweckinstrumente der Technik zu einfachster, doch nie erträumter Verrichtung. Zu der unfreiwilligen Stiftung solchen Nutzens sind sie vollendet umgemodelt, zu ihren eigentlichen Zwecken versagen sie konsequent.

Erstdruck: *Frankfurter Zeitung* 21.3.1926, Erstes Morgenblatt.
Revidierte Fassung 1989

Carl Freytag

Alfred Sohn-Rethel in Italien: 1924 – 1927

I

Der »Entfaltung jeder menschlichen Bewegung, mag sie geistigen oder selbst natürlichen Impulsen entspringen, [ist] der maßloseste Widerstand der Umwelt angesagt«[1]. Walter Benjamin, von dem diese *Analysis des Zustands von Mitteleuropa* aus dem Jahr 1923 stammt, beklagt den desolaten Zustand der Universitäten ebenso wie die »Automobilkrankheit«, den »Verfall der Kochkunst« und vor allem das gänzliche Schwinden der Wärme aus den Dingen in einem Land, in dem die Menschen leben, »als sei der Druck der Luftsäule, dessen Gewicht jeder trägt ... wider alle Natur plötzlich fühlbar geworden«[2]. Totalität und Subjektivität waren nur noch als scheinhafte erhalten. Alles Abweichende sah sich ins Exterritoriale versetzt, in die Exterritorialität im eignen Land, wie sie Siegfried Kracauer in seinem Roman *Ginster* darstellt – mit einem Helden, der unscheinbar bleibt, um nicht dem Schein zu verfallen – oder in eine Exterritorialität, die ihren Fluchtpunkt im Süden hatte, wo im utopischen Vorschein noch richtiges Leben sich andeutete – wenigstens unter dem ersten Blick des Fremden aus dem Norden.

Ascona und Bali, Capri und Positano waren solche Fluchtpunkte. Capri war vielleicht schon allzu bekannt, die Liste berühmter Ausländer, die dort lebten, ist lang. Positano, nicht weit entfernt auf dem Festland, galt damals im Gegensatz zu Capri wenig. Der *Baedeker* von 1931, dem Capri sechs Seiten wert war, widmet Positano ganze vier Zeilen. Positano war eher ein Ziel für Eingeweihte, für »begabte Reisende«.[3]

Die Träume der »Flüchtlinge« aus dem Norden reichten vom einfachen Leben bis zur luxuriösen Existenz des exotischen Fremden, der sich in die Kulisse aus Caprifischern und versinkender roter Sonne einkaufte. Für viele mußte es bei der Lektüre von Axel Munthes Bestseller *Das Buch von San Michele* bleiben, Wirklichkeit konnten die Träume nur für besondere Menschen werden: für Rentiers und Künstler beispielsweise. Sie konnten sagen: »Positano war der Ort, der meine Seele fett und glänzend machte … Positano riß mein Wesen auf … Hier lohnte es sich zu leben, und die Götter waren uns günstig gesonnen.«[4]

Außer günstig gesonnener Götter bedarf ein solches Leben allerdings auch der Fischer, der Köchinnen, der Weinbauern, der Gemüsehändler und der Bauarbeiter. *Deren* einfaches Leben folgte dem Zwang der Notwendigkeit, für viele lohnte es sich nicht mehr, dort zu leben, und die Götter hatten sich abgewandt. Tausende wanderten aus, oft gerade in die Länder, die von den Zivilisationsmüden verlassen worden waren.

Über die Ansammlung von Künstlern und Lebenskünstlern hinaus – »Gespenster, Bohemiens und Zwischenexistenzen der verschiedensten Grade«, »Dauergäste, die in dem mythologischen Bezirk als freiwillig Gefangene ihr Dasein verbringen«[5] – waren Capri und Positano auch Treffpunkt von Intellektuellen. Für das »intellektuelle Wanderproletariat«[6], wie es bei Benjamin selbstironisch heißt, wog nicht nur die drückende Luftsäule in südlichen Ländern leichter, auch das ökonomische Problem kam der Lösung näher: »Da … ich zum wenigsten hier billiger lebe, so will ich es lieber hier mit dergleichen Schwierigkeiten aufnehmen«.[7]

II

Einer der »Flüchtlinge« aus Deutschland zu vorläufigem Aufenthalt im Süden war Alfred Sohn-Rethel. Er hatte sich 1921 nach Gaiberg zurückgezogen, einem Dorf oberhalb von Heidelberg.[8] Der *eine* Gedanke, der ihn Zeit seines Lebens bewegte, die Lokalisierung des Transzendentalsubjekts im Inneren des Warentauschs, hatte ihn gefangen genommen. Dieser Spur nachzugehen und Belege für diesen Gedanken im Marxschen *Kapital* zu suchen, bestimmte die Jahre in Gaiberg. Zwei wichtige Begegnungen aus dieser Zeit sind zu nennen: Durch Alfred Seidel[9] hatte er Walter Benjamin kennengelernt; mit Ernst Bloch, der ihm ein Exemplar von *Geist der Utopie* mit »aufrichtig guten Wünschen« gewidmet hatte, traf er sich oft in Heidelberg und Gaiberg.

Eine gesicherte Zukunft zeichnete sich für Sohn-Rethel hinter den tiefen Gedanken nicht ab. So kam ein Angebot des Oldenburger Verlegers Martin Venzky zur rechten Zeit. Sohn-Rethel sollte eine kulturphilosophische Arbeit schreiben und dafür ein regelmäßiges Monatsgehalt von 250 Mark erhalten – in Deutschland zu wenig, in Italien vielleicht ausreichend: Er zog mit Frau und Kind im März 1924 nach Capri.

Über Mode und Mythos hinaus gab es für ihn einen konkreten Grund, gerade dorthin zu gehen: Sein Onkel Otto Sohn-Rethel[10] hatte in Anacapri[11] eine Villa, und er konnte zunächst bei ihm wohnen. Er wechselte jedoch bald nach Positano, wo die Auswanderer viele leere Häuser zurückgelassen hatten, die billig zu mieten waren. Auch für Positano gab es noch einen weiteren Grund: Der Maler Karli Sohn-Rethel[12], sein Lieblingsonkel, hatte dort schon einige Male den Sommer verbracht. Um ihn und um Otto Sohn-Rethel hatte sich ein Kreis von Künstlern gesammelt: Adolf v. Hatzfeld sei hier genannt und vor allem Gilbert Clavel[13], ein Schweizer Kunsthistoriker, der von einem Sarazenenturm aus für sich und seine Freunde ein Labyrinth aus Höhlenräumen und Wandelgängen in den Fels gesprengt hatte.

Während der Jahre von Sohn-Rethels Aufenthalt auf Capri und in Positano trafen für Wochen oder auch Monate Walter Benjamin, Ernst Bloch, Theodor W. Adorno und Siegfried Kracauer ein. Konstellationen entstanden, die zu einer Fülle von erstaunlichen und folgenreichen Begegnungen führten.

Benjamins längster Capriaufenthalt dauerte von April/Mai 1924 bis zum 10.10.1924. Etwa zwanzigmal besuchte er in dieser Zeit das nahe Neapel, oft mit Sohn-Rethel, der mit der Stadt und der italienischen Sprache gut vertraut war. In Briefen an seinen Freund Gershom Scholem zeichnet Benjamin seine »Caprenser Chronik«[14]. Er spürt »Kräfte, die ... auf diesem Boden mit zunehmender Macht in mir sich sammeln«[15] und die seinem Buch *Ursprung des deutschen Trauerspiels* zugute kommen sollten, an dem er damals arbeitete. Das entscheidende Ereignis auf Capri war für ihn die Begegnung mit Asja Lacis. Der »bolschewistischen Lettin aus Riga«[16], der »hervorragenden Kommunistin«[17] widmete er seine *Einbahnstraße*, mit ihr zusammen verfaßte er den Essay *Neapel*. Die Denkbilder *Pranzo caprese* und *Maul-*

beer-Omelette, die Beschreibung einer Begegnung mit Asja Lacis' Tochter Daga in der *Einbahnstraße* und die Erinnerung an die capreser Weinberge in der *Berliner Kindheit* bringen Landschaft, Häuser und Menschen zum Sprechen. *Der Verschwiegene*, ein Traumbericht von einer Wanderung nach Positano, handelt von der anderen Seite, von der Grenze vor dem letzten Geheimnis.

Bloch, für Benjamin ein willkommener Freund unter den vielen Touristen auf der »schlammigen germanischen Welle«[18], für Sohn-Rethel ein alter Bekannter, traf Mitte September 1924 auf Capri ein, von wo er im Spätherbst nach Nordafrika weiterreiste. »Danach, nach diesem Aufenthalt in einer zu uns wohlpassenden süditalienischen Landschaft, kam eine halbjährige wahre Symbiose in Paris«[19] berichtet Bloch später über sein Verhältnis zu Benjamin in jener Zeit.

Adorno traf sich mit seinem Freund und Mentor Kracauer am 9.9.1925 in Genua zur Reise nach Neapel und Positano, wo Sohn-Rethel beide kennenlernte. Adorno schildert in dem Essay *Der Fischer Spadaro* einen Capresen, der den »Herren aus Sachsen ..., die Rucksäcke tragen« als »Original« galt, Kracauer setzt sich nach der Reise in seinem Essay *Felsenwahn in Positano* mit der Höhlenwelt Clavels auseinander und kritisiert in der *Frankfurter Zeitung* das allzusehr an der Oberflächenstruktur bleibende Positanobuch v. Hatzfelds.

III

Dörfer wie Positano und Städte wie Neapel, wohlvertraut für Katzen und Briefträger, bieten dem bloß liebenden Blick des Eindringlings das Bild eines »entsetzlichen Konglomerats«[20]: Die Annäherung hat ihre

Grenzen. Benjamin macht vor ihnen halt, wenn er in einen »Stachelwald scharfer Mondschatten« zwischen den Häuserruinen Positanos tritt und sich dem »Bannkreis«[21] nähert. Die Grenzen zu verschweigen macht aus dem Dorf eine bukolische Idylle, sie mit Gewalt zu durchbrechen befreit nicht von ihnen.[22]

Dem selben bloß *liebenden* Blick verklärt sich Neapel zur Stadt des brodelnden, farbigen Lebens, wo der Blick in den Abgrund ohne allzu großes Risiko gewagt werden durfte, solange man nur sicher sein konnte, daß das Schiff nach Capri oder Positano wartete: »Vom Meere aus Neapel zu lieben ist leicht«.[23]

Es bedarf des *kritischen* Blicks, um das im »Bannkreis« Verborgene zu entschlüsseln, um durch die »unscheinbare Tür«, die »geheime Pforte für den Wissenden«[24] zu treten. Die Neapel-Essays Benjamins[25] und die drei Geschichten Sohn-Rethels, die in diesem Band vereinigt sind, versuchen eine solche Annäherung an die Stadt.

Benjamins Berichte haben den materialen Hintergrund einer glutheißen Stadt ohne Stille und Schatten, deren zunächst undurchschaubares Chaos der »völlig induktiven Weise«[26] Benjamins, sich mit Orten bekannt zu machen, viel Zeit abforderte. »Die Stadt ist felsenhaft«, ein Labyrinth ohne rettendes Zentrum, ihre Farbe ist Grau: »Ein graues Rot oder Ocker, ein graues Weiß. Und ganz grau gegen Himmel und Meer«.[27]

Eine Gesellschaft, deren Nexus der Warentausch ist, kann Ausbrüche und Exzesse ebensowenig dulden wie Abweichungen. In Neapel wurde sie dazu gezwungen: »Das Elend hat eine Dehnung der Grenzen zustande gebracht«[28]. Das geschlossene System wurde aufgebrochen, »Porosität … ist das Gesetz dieses

Lebens«[29]. Die Durchdringung, die diese Porosität erlaubte, war keine gleichgültige, sie zielte vielmehr auf Zusammenhänge zwischen Privatem und Öffentlichem, »neue unvorhergesehene Konstellationen«[30], die der Flüchtende in der Heimat im Norden nicht mehr finden konnte, die sich allerdings auch im Süden bei wachsender Kenntnis als widersprüchlich erwiesen in ihren extremen Momenten von buntem Leben und zwingender sozialer Kontrolle. Der genaue Beobachter erkennt hier »nicht heiles Paradies, vielmehr dessen Abwesenheit«[31] und der »lautlose Anarchist«[32] sieht im Laut-Anarchischen »sein dissoziiertes Inneres reflektiert«.[33]

IV

Sohn-Rethels Erzählungen *Eine Verkehrsstockung in der Via Chiaia* und *Das Ideal des Kaputten* handeln von anarchischer neapolitanischer Praxis und von beharrlichem Widerstand gegen die gesellschaftlichen Mächte von Kirche, Camorra und Technik. Die Porosität zeigt sich in der Durchdringung von agrarischem und städtischem Leben, von Profanem und Heiligem, von Festtag und Werktag, von bürgerlicher Ordnung und den eigenen Regeln der Camorra, sie zeigt sich vor allem im ehrfurchtslosen Umgang mit der Technik und den Segnungen der kapitalistischen Warengesellschaft, die auch das Neapel der zwanziger Jahre, allen feudalen Resten zum Trotz, bestimmte.

Die unbeherrschte und unbeherrschbare Natur ist Gegenstand der *Vesuvbesteigung 1926*, eine Natur, die nicht für die zerstörerische Stadt entschädigt, sondern selbst zerstörerisch ist – sie war es zumindest damals, als der Vesuv noch aktiv war. Es ist aber nicht die graue, trostlose Zerstörung durch die gesellschaftlichen

Verhältnisse, der Vulkan überwältigt vielmehr durch Klänge und Farben, selbst das Grau der Asche wird »ein silbrig schimmerndes, gleichwie lebendiges Grau, das der Mondschein noch mit einer feinen rosa Lasur versehen hat«[34]. Wie die »zweite Natur« der Stadt ist der Vesuv bedrohlich und verzaubernd zugleich, und hier wie dort leisten die Bewohner, der Notwendigkeit folgend, beharrlichen Widerstand: »Entschlossen, in sorgloser Vergeßlichkeit ein gesegnetes Arbeitsleben zu vollbringen«[35], siedeln sich die von Katastrophen Vertriebenen stets von Neuem an.

Sorgloser Umgang bestimmt den Neapolitaner auch in seinem Verhältnis zu den Maschinen. Dazu gehört exzessiver Gebrauch, ein liebevolles Schinden strikt nach Anweisung, das zu schnellem Verschleiß führt. Den Betrug, der in diesem schnellen Verschleiß liegt, wendet der Neapolitaner ins Allerglücklichste: Er entreißt die Trümmer dem Verfall, baut aus ihnen ein neues Universum und gelangt so zu »utopischer Daseins-Allmacht«. Der »Verzauberung ist ... damit abgeholfen, daß die Sache kaputt geht«.[36] So können in Neapel »die Mechanismen ... das zivilisatorische Kontinuum nicht bilden, zu dem sie ausersehen: Neapel dreht ihnen das Gesicht auf den Rücken.«[37]

So wie der melancholische Allegoriker den Trümmern der dissoziierten Welt neue Bedeutung verleiht, setzt auch der durchaus nicht melancholische Neapolitaner die Trümmer zu einem neuen funktionierenden Ganzen zusammen. Ähnlich der Abstraktion im Warentausch, die nach Sohn-Rethel nicht in den Köpfen der Beteiligten, sondern als Realabstraktion in ihrem Handeln stattfindet, ist auch die neugeschaffene Welt des Neapolitaners kein Denkprodukt, sondern Ergebnis notwendigen Handelns: Der Neapolitaner ist Realallegoriker.

Dieses Verfahren findet seine Grenzen an Riesengebilden wie Eisenbahnen und an Dingen »welche, wie die Elektrizität, nicht eigentlich kaputt zu machen sind«.[38] An Netzwerken wie dem Telefonsystem versagt es ebenso, wie an kybernetischen Wunderwerken, die nur um den Preis der völligen Zerstörung geöffnet werden können. Das Schwinden verwertbarer Trümmer weist auf die Grenzen dieser Utopie. Heute finden wir ihre Spuren nicht mehr in den gesäuberten Zentren der Städte sondern eher an ihren Rändern, in den Ländern der »Dritten Welt« oder auf abgelegenen Ägäisinseln, wo profane Lastwagen als göttliche Boten der Warenwelt immer noch die Namen von Heiligen tragen.

V

1926 versiegte Sohn-Rethels Geldquelle. Das Buchprojekt war damit jäh beendet. Spuren davon sind nicht aufzufinden. Die Familie in Deutschland sah erneute finanzielle Erwartungen voraus und drängte ihn, sein abgebrochenes Studium zu beenden und einen ordentlichen Beruf zu ergreifen. In Positano gab es für ihn keine Zukunft. Die Großmutter löste ihn mit 3000 Lire aus (Schulden waren zur Prestigeförderung geradezu notwendig, wie Sohn-Rethel versicherte). Er ging im Mai/Juni 1927 nach Heidelberg zurück und promovierte dort 1928. Aus der Zeit in Positano sind drei theoretische Entwürfe erhalten, geschrieben auf der Schreibmaschine Clavels. Sie tragen die verheißungsvoll-sperrigen Titel *Exposé zum theoretischen Kommentar der Marxschen Gesellschaftslehre*, *Exposé zur Grundlegung der theoretischen Ökonomie als strenger Wissenschaft durch die Beantwortung der Frage, wie überhaupt Gesellschaft möglich sei* und – eine Vorarbeit zur Dissertation *Zur Kritik der subjektivistischen Ökonomie*. Der erste Entwurf schließt mit dem kühnen Satz: »So wollen wir uns vorerst die Philosophie zur Burg unserer letzten Hoffnung bauen«.

Die Diskussion dieser Arbeiten mit den Freunden war damals eher von Vorsicht geprägt: »Meine Ideen habe ich noch wahnsinnig geheimgehalten und gegen jeden Luftzug geschützt. Ich war ungeheuer sensibel, empfindsam. Ich habe auf meine Dinge absolut gepocht, aber nur für mich alleine«[39]. Aber auch damals gab es schon Versuche, mit den Entwürfen Zugang zum Frankfurter »Institut für Sozialforschung« zu finden. Sie schlugen ebenso fehl wie später 1936/37. Adorno und Kracauer, die ersten Leser, hielten von den Exposés wenig und faßten ihre Meinung in dem von Sohn-Rethel überlieferten Satz: »Er hat unsere Empirie, aber nicht unsere Theorie« zusammen. Später, als Adorno und Kracauer schon nicht mehr »*unsere* Theorie« sagen konnten, machte Adorno von Sohn-Rethels Theorie guten Gebrauch. Ohne sie bleiben bei Adorno die »Scharnierstellen der *Negativen Dialektik*, der *Ästhetischen Theorie* und seiner Essayistik schiere Schibboleths«[40].

VI

Nach 1933 machten alle Beteiligten der Konstellationen von Capri, Positano und Neapel erneut die Erfahrung der Exterritorialität – unter Zwang und nicht in arkadischen Gefilden, sondern dort, wohin sie nicht wollten: Adorno, Benjamin, Bloch, Kracauer und Sohn-Rethel wurden von den Nationalsozialisten zur Emigration gezwungen. Benjamin hat die Flucht nicht überlebt, Adorno, Bloch und Kracauer gingen in die USA, Sohn-Rethel nach Großbritannien.

Heute sind aus den leerstehenden Häusern Positanos profitable Hotels geworden[41], Clavels Labyrinth ist Sommerresidenz der Principessa Borghese. Die »Herren aus Sachsen« fehlen zwar noch auf Capri, aber immerhin überschaut ein Lenindenkmal die Via Krupp, auf der Tauschhandlungen ganz anderer Art stattfinden. Der Vesuv ist vorläufig erloschen, das neapolitanische Elend ist gewachsen und hat an Farbigkeit verloren, die Camorra hat die letzten Reste romantischen Raubrittertums abgestreift: Am 24.4.1990 meldete »dpa« 5 Tote und 7 Verletzte bei einem Camorraüberfall auf Afrikaner wegen Differenzen im Drogengeschäft.

Geblieben ist das kompetente Interesse des Neapolitaners am Tier. Am selben Tag berichtete »dpa« von einem Fuchs, der im Zentrum von Neapel Anlaß zu einer Verkehrsstockung war: »Hunderte von Autofahrern ließen ihre Wagen stehen, um das ungewöhnliche Schauspiel nicht zu verpassen. Schließlich gelang es der Feuerwehr, den Fuchs einzufangen. Mit einer leichten Verletzung wurde das Tier schließlich in den Zoo gebracht.«

Die Stadtverwaltung hat aus Sohn-Rethels Geschichten gelernt: In der Via Chiaia ist die Geschwindigkeit jetzt auf 10 km/h begrenzt und die Verkehrsstockung findet in Permanenz statt.

Anmerkungen

1 Benjamin, *Analysis*, S.916
2 Ebd.; siehe auch *Kaiserpanorama*
3 Kracauer, *v. Hatzfeld*
4 v. Hatzfeld, *Positano*, S. 25 ff.
5 Kracauer, *v. Hatzfeld*
6 Benjamin, *Job*, S. 133
7 Benjamin, *Briefe*, S. 345. Diese Lösung bot sich insbesondere nach dem 13.10.1923 an, als in Deutschland die Rentenmark eingeführt worden war.
8 Gaiberg liegt unweit von Leimen, der Heimat von Boris, der Sohn-Rethel später noch viel Freude bereiten sollte.
9 Alfred Seidel (1895 – 1924), Verfasser von *Bewußtsein als Verhängnis* (siehe Kracauer, *Schriften* Bd. 5.2, S. 11 – 13)
10 Otto Sohn-Rethel (1877 – 1949), Maler, Sammler und Schmetterlingsjäger (siehe v. Hatzfeld, *Positano*, S. 31 ff.)
11 Anacapri liegt unweit von Elea, der Heimat von Parmenides, in dessen Schriften Sohn-Rethel später das Bindeglied zwischen Warenform und Denkform finden sollte.
12 Karli Sohn-Rethel (1882-1966), Maler. Er lebte von 1941 bis 1959 ständig in Positano.
13 Gilbert Clavel (1883 – 1927, siehe Kracauer, *Felsenwahn* und *v. Hatzfeld*, Benjamin, *Job* und die Arbeiten v. Hatzfelds)
14 Benjamin, *Briefe*, S.344 ff.
15 Ebd., S.351
16 Ebd., S.347
17 Ebd., S.355

18 Ebd., S.353
19 Bloch, *Erinnerungen*, S.16
20 Kracauer, *Felsenwahn*, S.330
21 Benjamin, *Job*, S.133
22 Clavel hatte versucht, dem Chaos die architektonische Totalität seiner Welt aus Gängen und Höhlen aufzuzwingen. Er wurde dadurch nicht zum »Beherrscher des Universums«, wie der Schlagsahneproduzent in Sohn-Rethels *Verkehrsstockung in der Via Chiaia* (S. 14), sondern zum Besessenen in einem Spinnennetz, das er niemals hätte vollenden können: Über der Errichtung oder besser Einnistung eines »letzten« eiförmigen Gewölbes starb er.
23 Benjamin, *Job*, S. 132
24 Benjamin u. Lacis, *Neapel*, S. 310
25 Neben dem schon erwähnten Essay *Neapel*, den Benjamin zusammen mit Asja Lacis verfaßte, sind der Rundfunkvortrag *Neapel* und die Rezension des Neapelbuchs von Jakob Job zu nennen (siehe Literaturliste).
26 Benjamin, *Briefe*, S. 363
27 Benjamin u. Lacis, *Neapel*, S. 309
28 Ebd., S. 314
29 Ebd., S. 311. Den Begriff »Porosität« gibt Asja Lacis in ihren Lebenserinnerungen *Revolutionär im Beruf* als ihre Entdeckung an. Bloch übernahm den Begriff für seinen Essay *Italien und die Porosität.*
30 Ebd., S. 309
31 Günter, *Kracauer*, S. 110
32 In einem Brief an Bloch bezeichnet Kracauer seine Romanfigur Ginster als »lautlosen Anarchisten« (siehe Bloch, *Briefe*, S. 289).

33 Günter, *Kracauer*, S. 109
34 Sohn-Rethel, *Vesuvbesteigung 1926*, S. 23
35 Ebd.
36 Sohn-Rethel, *Das Ideal des Kaputten*, S. 35
37 Ebd., S. 38
38 Ebd., S. 35
39 Greffrath, *Gespräch*, S. 255
40 Hörisch, *Krise*, S. 17. Hörisch weist in dieser Arbeit und in seinem Essay *Die Theorie der Ve r-ausgabung und die Verausgabung der Theorie – Benjamin zwischen Bataille und Sohn-Rethel* (Bremen 1983) auch auf die Spuren Sohn-Rethelschen Denkens bei Benjamin hin.
41 Der Fremdenverkehrsverein Positano wirbt mit dem Satz »Und hier ... machte ich die Erfahrung, was es heißt, einem Bannkreis sich nähern« (Benjamin, *Job*, S.133) – was immer dies bei den umworbenen Pauschalreisenden auslösen mag. Bei Benjamin heißt es weiter:»Ich kehrte um«.

Capri, Positano, Neapel
Eine Literaturauswahl

THEODOR W. ADORNO (1903 – 1969)
Der Fischer Spadaro
(in: *Gesammelte Schriften*, hrsg. v. R. Tiedemann, Frankfurt 1970 ff., Bd. 20.2, S. 583 – 584)

WALTER BENJAMIN (1892 – 1940)
Briefe
hrsg. v. G. Scholem u. Th. W. Adorno, Frankfurt 1966
Neapel
(in: *Aufklärung für Kinder – Rundfunkvorträge*, hrsg. v. R.Tiedemann, Frankfurt 1985, S. 152 – 159)
Gesammelte Schriften (=GS)
hrsg. v. R. Tiedemann u. H. Schweppenhäuser, Frankfurt 1972 ff.
Neapel
(zus. mit Asja Lacis; in: GS 4.1, S. 307 – 316; Erstdruck: 19.8.1925)
Chinawaren
(aus *Einbahnstraße*; in GS 4.1, S. 89 – 90; Erstdruck: 14.4.1926)
Kaiserpanorama
(aus *Einbahnstraße* ; in GS 4.1, S. 94 – 101; Erstdruck: 1928)
Rezension: Jakob Job, *Neapel – Reisebilder und Skizzen*
(in: GS 3, S. 132 – 135; Erstdruck: 20.7.1928)
Der Verschwiegene
(in: GS 4.1, S. 423 – 424; Erstdruck: 1928)
Pranzo caprese
(in: GS 4.1, S. 378 – 379; Erstdruck: 29.5.1930)

Maulbeer – Omelette
(in: GS 4.1, S. 380 – 381; Erstdruck: 29.5.1930)
Loggien
(aus *Berliner Kindheit um Neunzehnhundert;* in: GS 4.1, S. 294 – 296; Erstdruck: 1.8.1933)
Gedanken zu einer Analysis des Zustands von Mitteleuropa
(in: GS 4.2, S. 916 – 928)

Ernst Bloch (1885 – 1977)
Italien und die Porosität
(in: *Gesamtausgabe*, Frankfurt 1959 ff., Bd. 9, S. 508 – 515; Erstdruck: 1926)
Erinnerungen
(in: *Über Walter Benjamin*, Frankfurt 1968, S. 16 – 23)
Briefe 1903 – 1975
hrsg. v. K. Bloch u. a., Frankfurt 1985

Adolf von Hatzfeld (1892 – 1957)
Positano – Bekenntnis einer Reise
Potsdam 1937 (Erstdruck: 1925)
Positano und Pompeji
(in: *Italien*, 1. Jg., Heft 4, 1928, S. 183 – 189)

Siegfried Kracauer (1889 – 1966)
Felsenwahn in Positano
(in: *Schriften*, Bd. 5, hrsg. v. I. Mülder-Bach, Frankfurt 1990, Bd. 5.1, S. 329 – 336; Erstdruck: 20.10.1925)
Rezension: Adolf von Hatzfeld, *Positano*
(in: *Frankfurter Zeitung* 7.2.1926, Zweites Morgenblatt)

Asja Lacis (1891 – 1979)
Städte und Menschen
(in: *Sinn und Form*, Jg. 21, 1969, S. 1326 – 1357)
Revolutionär im Beruf
hrsg. v. H. Brenner, München 1971

Alfred Sohn-Rethel (1899 – 1990)
Eine Verkehrsstockung in der Via Chiaia
(in diesem Band S. 7 – 19)
Vesuvbesteigung 1926
(in diesem Band S. 21 – 31; Erstdruck: Bremen 1982)
Das Ideal des Kaputten. Über Neapolitanische Technik
(in diesem Band S. 33 – 38; Erstdruck: 21.3.1926)

Sekundärliteratur

Mathias Greffrath
»Einige Unterbrechungen waren wirklich unnötig.« Gespräch mit Alfred Sohn – Rethel
(in: M. Greffrath, *Die Zerstörung einer Zukunft. Gespräche mit emigrierten Sozialwissenschaftlern*, Reinbek 1979, S. 249 – 298)

Manuela Günter
Siegfried Kracauers philosophischer Roman »Ginster«: Eine Allegorie enteigneter Subjektivität
Mag. Arb. München 1990

Jochen Hörisch
Die Krise des Bewußtseins und das Bewußtsein der Krise
(Vorwort zu: A. Sohn-Rethel, *Soziologische Theorie der Erkenntnis*, Frankfurt 1985, S. 7 – 33)

Impressum
Alfred Sohn-Rethel: Das Ideal des Kaputten
herausgegeben und mit einem Nachwort versehen
von Carl Freytag

2. Auflage 1992

Schrift: Bauer Bodoni
Typografie und Satz: Ulrich Seutter, Lilienthal
Umschlag: Dietrich E. Sattler, Bremen
Herstellung: Wollny & Wagenfeldt, Rostock
Buchbinderische Verarbeitung: Nieth, Heiligenfelde

ISBN 3-926182-13-X

ENVIRONS

Itinéraire de l'Italie par A. J. DUPAYS.

Dressé par A. H. Dufour.

1 2 3

Bulle Imp. r. Poupée 7 Paris